NOTICE

DE

NEUF-TABLEAUX

ANCIENS

PARMI LESQUELS

Une Gracieuse Composition de FRAGONARD

ET AUTRES ŒUVRES DE

CANALETTI, VAN DER HELTZ, MARIESCHI,
VAN DER MEER, ETC.

Dont la Vente aura lieu aux enchères publiques
par suite de réalisation de gage,

HOTEL DROUOT, Salle N° 5

Le MARDI 21 JUIN 1887, à quatre heures précises

PAR LE MINISTÈRE DE

M° **R. SEILLIER**, Commissaire-Priseur,
27, rue de Châteaudun,

ASSISTÉ DE

M. **E. FÉRAL**, Peintre-Expert, 54, faub. Montmartre,
Chez lesquels se trouve la présente Notice.

EXPOSITION PUBLIQUE

Le Lundi 20 Juin, de 2 heures à 5 heures 1/2.

PARIS. — IMP. CHAIX, 20, RUE BERGERE. — 13516-7.

CONDITIONS DE LA VENTE

Elle sera faite au comptant.

Les acquéreurs paieront, en sus des enchères, **cinq pour cent,** *applicables aux frais.*

L'exposition mettant le public à même de se rendre compte de l'état des objets, il ne sera admis aucune réclamation une fois l'adjudication prononcée.

NOTICE

DE

NEUF TABLEAUX

ANCIENS

PARMI LESQUELS

Une Gracieuse Composition de FRAGONARD

ET AUTRES ŒUVRES DE

CANALETTI, VAN DER HELTZ, MARIESCHI,
VAN DER MEER, ETC.

Dont la Vente aura lieu aux enchères publiques
par suite de réalisation de gage,

HOTEL DROUOT, Salle N° 5

Le MARDI 21 JUIN 1887, à quatre heures précises

PAR LE MINISTÈRE DE

Mᵉ **R. SEILLIER**, Commissaire-Priseur,
27, rue de Châteaudun,

ASSISTÉ DE

M. **E. FÉRAL**, Peintre-Expert, 54, faub. Montmartre,
Chez lesquels se trouve la présente Notice.

EXPOSITION PUBLIQUE

Le Lundi 20 Juin, de 2 heures à 5 heures 1/2.

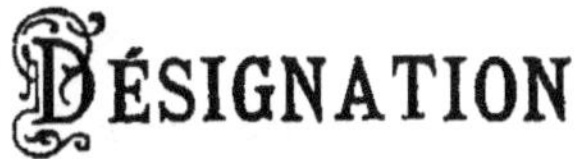ÉSIGNATION

CANALETTI (Antonio).

(Deux pendants.)

Vue du grand Canal.
Vue du Rialto.

Des gondoles et différents per-
sonnages animent ces deux
charmantes compositions.

Toile. — Hauteur 0ᵐ60, largeur 0ᵐ95.

FRAGONARD (Honoré).

Les Baigneuses.

Les unes nagent en suivant le cours d'une petite rivière, les autres jouent et se balancent montées sur un arbre renversé.

Gracieuse composition, provenant des collections Walferdin et baron de Beurnonville.

Toile. — Hauteur 0^{m}67, largeur 0^{m}85.

HELTZ (B. VAN DER).

Portrait d'homme.

Il est assis, vu jusqu'aux genoux,
la tête de trois quarts tournée
vers la droite, vêtement noir ; il
tient ses gants à la main droite
posée sur le bras du fauteuil
où il est assis.

Toile. — Hauteur 1^m10, largeur 0^m88.

*

MARIESCHI.

La Piazzetta, à Venise.

La place est animée par de
nombreux promeneurs, à gauche se trouve l'entrée de
l'église Saint-Marc ; dans le
fond, l'église de la Salute.

Toile. — Hauteur 0^{m}70, largeur 1^{m}08.

MEER (van der).

Port de Mer.

Animé par de nombreux person-
nages.

Toile. — Hauteur   , largeur   .

SASSO FERRATO (Genre de).

La Vierge au voile bleu.

Toile. — Hauteur 0m48, largeur 0m41.

WEENIX (Attribué à J.-B.)

Fruits et Gibier.

Une corbeille de fruits, un lièvre,
des perdrix, un canard et autres
oiseaux, le tout posé au pied
d'un vase de marbre orné de
bas-reliefs.

Toile. — Hauteur 1ᵐ25, largeur 1ᵐ00.

WOUWERMAN (Genre de).

Bataille.

Tableau marouflé.

Toile. — Hauteur   , largeur   .

ÉCOLE ALLEMANDE.

L'Adoration des Mages (Triptyque).

Au centre, la Vierge tenant l'enfant Jésus sur ses genoux auquel l'un des Mages présente un vase d'or ; sur le volet de gauche, le Mage d'Éthiopie ; sur le volet de droite, le Mage asiatique.

Le panneau du centre. — Haut. 1^{m}10, larg. 0^{m}70.

Chacun des volets. — Hauteur 1^{m}10, largeur 0^{m}30.

PARIS. — IMPRIMERIE CHAIX, 20, RUE BERGÈRE. — 13514-7.